ROCKSCHLAGZEUG FÜRANFÄNGER

Wie man Rock-Schlagzeug für Anfänger spielt. Beats, Grooves und Rudiments

SERKANSÜER

FUNDAMENTALCHANGES

Rock-Schlagzeug für Anfänger

Wie man Rock-Schlagzeug für Anfänger spielt. Beats, Grooves und Rudiments

Von Serkan Süer

ISBN: 978-1-78933-196-7

Veröffentlicht von **www.fundamental-changes.com**

www.fundamental-changes.com

Über 11.000 Fans auf Facebook: **FundamentalChangesInGuitar**

Instagram: **FundamentalChanges**

Copyright für das Titelbild: Shutterstock

Inhalt

Einführung   5
Wichtige Hinweise zum Üben   5

Hol dir das Audio   7

Kapitel Eins   8
1/4-Noten-Ride-Patterns und 1/8-Noten-Fills   8
1/8-Noten-Variationen für Bass und Snare Drum   11
1/8-Noten-Rudiments: Einzel- und Doppelschlagwirbel (Single und Double Stroke Roll)   13
Groove-Variationen mit 1/8-Noten-Fills   15

Kapitel Zwei   17
1/8-Noten-Ride-Patterns und Fills   17
Backbeat-Variationen: 20
Akzentuierte Noten   22
Offene/ geschlossene Hi-Hat-Schläge   23
1/8-Noten-Rudiment: Single Paradiddle   24
Groove-Variationen mit 1/8-Noten-Fills   25

Kapitel Drei   27
1/16-Noten-Ride-Patterns und 1/16-Noten-Fills   27
Einhändige 1/16-Noten-Ride-Patterns   28
Einhändige 1/16-Noten-Ride-Pattern-Variationen   30
Zweihändige 1/16-Noten-Ride-Patterns   31
Zweihändige Ride-Variationen mit Kombinationen   33
1/16-Noten-Rudiments: Einzelschlagwirbel, Doppelschlagwirbel und Single Paradiddle   34
Groove-Variationen mit 1/16-Noten-Fills   35

Kapitel Vier   37
1/8-Groove-Variationen und Ghost Notes   37
Ghost Notes auf der Snare Drum   40

Kapitel Fünf   42
1/8-Triolen und Shuffle-Patterns   42
1/8-Triolen-Ride-Patterns   43
1/8-Shuffle-Ride-Patterns   45
1/8-Triolen-Rudiments: Einzelschlagwirbel und Double Paradiddle   48
Groove-Variationen mit 1/8-Triolen-Fills   49

Kapitel Sechs   51

Zurück zu den Wurzeln: Blues-Schlagzeug   51

1/16-Sextolen-Rudiment: Einzelschlagwirbel   52

Langsamer Blues   53

Medium- und Up-Tempo-Shuffles   55

Der traditionelle Chicago-Stil-Shuffle   56

Der Zwölf-Takt-Blues   57

Kapitel Sieben   58

Technik entwickeln: Weitere grundlegende Rudiments   58

1/16-Wirbel   59

Flams   61

1/16-Sextolen-Rudiments   63

1/32-Noten-Rudiments   64

„Wechselhand"-Kombinationen   65

Kapitel Acht   67

Dynamik   67

Crescendo und Decrescendo   72

Kapitel Neun   74

Double-Bass-Drum-Technik   74

1/8-Double-Bass-Drum-Beats   74

1/8-Triolen-Double-Bass-Drum-Beats   77

1/16-Double-Bass-Drum-Beats   79

Kapitel Zehn   82

2/4-, 3/4-, 5/4- und 7/4-Takte   82

Die Grundlagen des 2/4-Takts   83

Die Grundlagen des 3/4-Takts   85

Einführung in „ungerade" Taktarten; Grundlagen des 5/4- und 7/4-Takts   87

Die Grundlagen des 5/4-Taks   88

Die Grundlagen des 7/4-Takts   90

Fazit   93

Über den Autor   93

Einführung

Das Ziel von *Rock-Schlagzeug für Anfänger* ist es, dir die grundlegenden Kenntnisse, Fähigkeiten und Konzepte beizubringen, die notwendig sind, um großartig Rock-Schlagzeug zu spielen. Es ist für Anfänger/-innen bis Fortgeschrittene mit Grundkenntnissen in 1/4- und 1/8-Noten konzipiert. Jedes Kapitel hat zwei Hauptelemente:

- Theoretische Erklärungen und Definitionen

- Notierte und aufgenommene Beispiele, die dir beim Aufbau einer soliden und interessanten Rock-Schlagzeugtechnik helfen

Nachdem du die über 100 Beispiele in diesem Methodenbuch gelesen und geübt hast, wirst du folgendes können:

- grundlegende Rock-Grooves durch zweitaktige und viertaktige Phrasenbeispiele zu lernen und zu verinnerlichen

- deine Schlagzeugtechnik und deine Fähigkeiten in den Bereichen Koordination, Flüssigkeit, Kreativität und Ausdauer zu entwickeln

- mit anderen Musikern selbstbewusst aufzutreten

- die Fähigkeiten zu entwickeln, die für das Selbststudium erforderlich sind und dich unabhängig von einem Lehrer zu verbessern

- Schlagzeug-Notation zu lesen

Ich bin zuversichtlich, dass du, wenn du dieses Buch in seiner Gesamtheit liest und übst, deine Fähigkeiten verdoppeln wirst, die du benötigst, um dein Spiel auf ein viel höheres Niveau zu bringen.

Ich wünsche dir viel Glück auf deiner Schlagzeugreise. Viel Spaß mit dem Buch!

Serkan Süer

Halifax, N.S., Kanada; Mai 2017

Wichtige Hinweise zum Üben

Lies alles in diesem Buch! Du wirst wahrscheinlich das Eintauchen in die Beispiele attraktiver finden, als jedes Kapitel vor dem Spielen sorgfältig durchzulesen. Bitte lies die kurzen Theorieabschnitte, da du sonst wichtige Informationen, Tipps und Definitionen verpassen könntest. Um das Beste aus deiner Übungszeit herauszuholen, empfehle ich dir dringend, das Buch vollständig zu lesen.

Benutze ein Metronom. Das Üben mit einem Metronom wird dir helfen, deine Fähigkeiten schneller zu entwickeln. Das Anfangstempo für jedes Beispiel beträgt 50 bpm (Beats per Minute). Wenn du dich mit einer Übung wohlfühlst und sie genau spielen kannst, dann erhöhe dein Tempo, aber allmählich und stufenweise.

Übe regelmäßig. Tägliche Übungen (mindestens 45 Minuten) werden deine Gesamtentwicklung schnell steigern. Wenn du dir nicht jeden Tag Zeit nehmen kannst, versuche, mindestens zweimal pro Woche zu üben.

Wiederhole die Beispiele immer wieder. Beim Training ist die Wiederholung wichtig. Spiele jede Übung in verschiedenen Tempi ab, um deine Fähigkeiten zu verbessern und das Muskelgedächtnis aufzubauen. Übe jedes Groove-Beispiel wiederholt, indem du verschiedene Ride-Pattern-Flächen (geschlossene Hi-Hats, offene Hi-Hats, Ride-Becken, Standtom, Cowbell, etc.) und verschiedene Snare-Drum-Optionen (Cross-Stick oder Rim-Shot-Beats) verwendest.

Hör dir das Audio beim Üben an. Durch das Anhören des Audios kannst du die Beispiele leichter lernen.

Erstelle deine eigenen Übungen. Nachdem du jeden Abschnitt beendet hast, werde kreativ und schreibe deine eigenen Variationen. Dies wird dir helfen, „ins Schlagzeug spielen rein zu kommen" und ein viel tieferes Verständnis der Musik zu entwickeln.

Übe jeden Takt einzeln, bevor **du das vollständige Beispiel lernst.** Wie du sehen wirst, sind die Beispiele für dieses Buch in zwei- oder viertaktigen Phrasen geschrieben. Diese Phrasen helfen dir, die Logik von Grooves besser zu verstehen. Du solltest jedoch auch jeden Takt einzeln üben, um dich auf bestimmte technische Verbesserungen zu konzentrieren.

Spiele die entgegengesetzten Handkombinationen: Beginne jedes Beispiel mit deiner schwächeren Hand. Für einige Beispiele sind im Buch Handkombinationen angegeben. Wenn du ein linkshändiger Schlagzeuger bist, oder du bist ein rechtshändiger Schlagzeuger und willst deine Technik entwickeln, dann übe die Beispiele mit den entgegengesetzten Kombinationen der führenden Hand.

Lerne von legendären Schlagzeugern.

Hör dir die folgenden Schlagzeuger an: Buddy Rich, Bernard Purdie, John Bonham, Ian Paice, Ringo Starr, John Densmore, Ronnie Wood, Mitch Mitchell, Cozy Powell, Jeff Porcaro, Phil Collins, Simon Philips, Neil Peart, Steve Smith, Tico Torres, Steven Adler, Dave Weckl, Steve Gadd, Jim Payne, Yoron Israel, Dennis Chambers, Omar Hakim, Rod Morgenstein, Mike Mangini, Mike Portnoy, Vinnie Colaiuta, Thomas Lang, Gavin Harrison, Virgil Donati, Matt Cameron, Chad Smith, Dave Grohl, Chris Adler, Lars Ulrich, Nicko McBrain, Nick Menza, Jimmy DeGrasso, Dave Lombardo, Joy Jordison, Marco Minnemann, Derek Roddy und viele andere... Hör dir verschiedene Epochen, Stile, Bands, Lieder, Techniken und verschiedene musikalische Ansätze an.

Das Zuhören und Lernen von legendären Schlagzeugern wird sich positiv auf deine Schlagzeugkenntnisse und deine Musikalität auswirken.

Die in diesem Buch verwendete Notation lautet wie folgt:

Notation

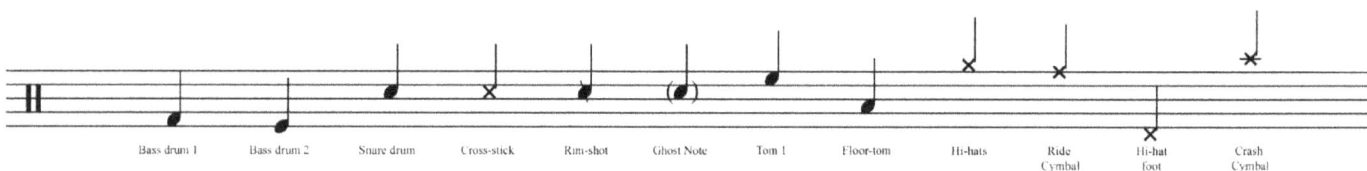

Hol dir das Audio

Die Audiodateien zu diesem Buch stehen unter www.fundamental-changes.com zum kostenlosen Download bereit, der Link befindet sich oben rechts. Wähle einfach diesen Buchtitel aus dem Drop-Down-Menü und folge den Anweisungen, um das Audio zu erhalten.

Wir empfehlen, die Dateien direkt auf deinen Computer und nicht auf dein Tablet herunterzuladen und sie dort zu extrahieren, bevor du sie deiner Medienbibliothek hinzufügst. Du kannst sie dann auf dein Tablet oder deinen iPod ziehen oder auf CD brennen. Auf der Download-Seite gibt es ein Hilfe-PDF und wir bieten auch technische Unterstützung über das Kontaktformular.

Über 350 Gratisstunden mit Videos findest du hier:

www.fundamental-changes.com

Über 10.000 Fans auf Facebook: **FundamentalChangesInGuitar**

Instagram: **FundamentalChanges**

Kapitel Eins

1/4-Noten-Ride-Patterns und 1/8-Noten-Fills

Ein *Ride-Pattern* ist ein gleichmäßiger, rhythmischer Abschnitt eines Taktes oder einer Phrase, der auf einer Fläche gespielt wird (wie Hi-Hats, offene Hi-Hats, Ride-Becken, Ride-Kuppe, Standtom, Cow Bell usw.) und dem Groove sein kontinuierliches Gefühl verleiht. Jeder Teil eines Drumkits kann als Ride-Pattern-Fläche verwendet werden.

Wenn ein Ride-Pattern mit 1/4-Noten-Schlägen gespielt wird, wird es als *1/4-Noten-Ride-Pattern* bezeichnet. Das Üben von 1/4-Noten-Ride-Patterns im 4/4-Takt ist ein guter Ausgangspunkt für den Aufbau von rhythmischem Wissen und Schlagzeugtechnik.

Wir werden nun die Ride-Patterns untersuchen und beginnen, auch die Koordination von Hand zu Fuß zu entwickeln. Diese Koordination ist unerlässlich, um gut am Schlagzeug zu werden.

Hier ist ein einfacher Rock-Groove mit einem 1/4-Noten-Ride-Pattern. Zähle und spiele das 1/4-Noten-Ride-Pattern auf geschlossenen Hi-Hats.

Beispiel 1a:

Das Spielen auf verschiedenen Ride-Pattern-Flächen ist eine effektive Möglichkeit, die Grooves zu verbessern.

Spiele das 1/4-Noten-Ride-Pattern auf dem Ride-Becken in den Takten eins und zwei und auf offenen Hi-Hats in den Takten drei und vier.

Beispiel 1b:

Eine weitere Möglichkeit, den Groove zu verbessern, ist die Snare-Drum-Technik zu ändern. Wenn du deinen Stick flach auf die Snare Drum legst und auf den Rand schlägst, erzeugst du einen *Cross-Stick-Beat.* Cross-Stick-Beats haben einen scharfen „Klick"-Sound und werden normalerweise während der weicheren Parts von Rocksongs gespielt.

Wenn du gleichzeitig auf das Fell und den Rand der Snare Drum schlägst, erzeugst du einen *Rim-Shot-Beat*. Rim-Shots haben einen tieferen, stärkeren Klang. Sie werden normalerweise während der lauteren Parts von Rocksongs gespielt. Übe diese beiden Snare-Drum-Techniken mit den vorherigen Rock-Grooves.

Spiele nun das 1/4-Noten-Ride-Pattern auf geschlossenen Hi-Hats und spiele die Schläge der Snare Drum als Cross-Stick-Beats.

Beispiel 1c:

Spiele im folgenden Beispiel das 1/4-Noten-Ride-Pattern auf geschlossenen Hi-Hats und spiele Rim-Shots auf der Snare Drum.

Beispiel 1d:

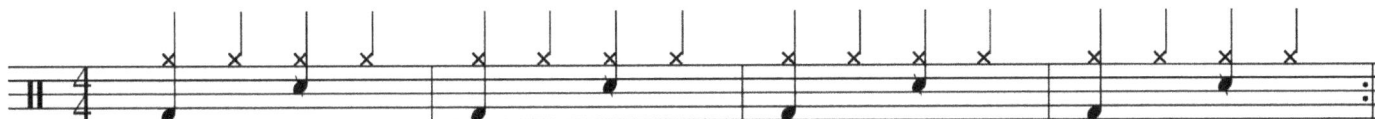

Die folgenden Beispiele zeigen einige einfache Variationen der Bass Drum und der Snare Drum. Konzentriere dich auf die Genauigkeit und stelle sicher, dass deine Füße und Hände perfekt synchronisiert sind.

Beispiel 1e:

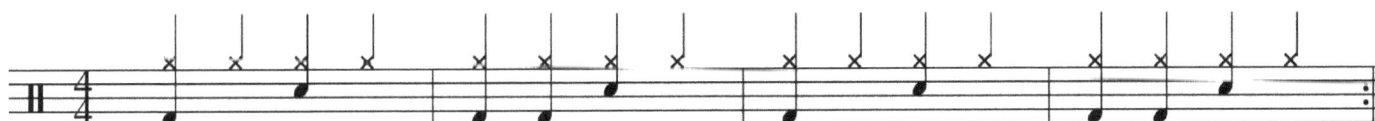

Beispiel 1f:

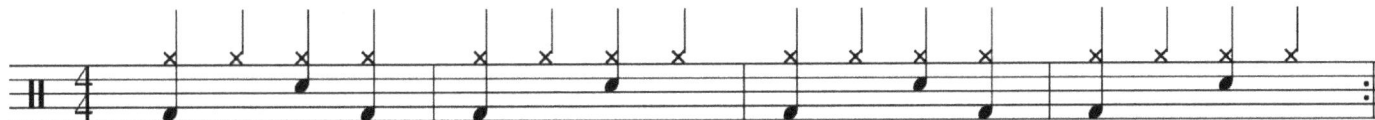

Beispiel 1g:

Beispiel 1h:

1/8-Noten-Variationen für Bass und Snare Drum

1/4-Noten werden in zwei gleiche Teile aufgeteilt, um 1/8-Noten zu erzeugen. Die Verwendung von 1/4- und 1/8-Noten zusammen im gleichen Groove ist eine kreative Idee für die technische Entwicklung. Du kannst die 1/8-Noten auf der Bass Drum oder der Snare Drum spielen, um abwechslungsreiche Grooves zu erzeugen.

Beginne mit der Kombination von 1/8-Bass-Drum-Schlägen mit 1/4-Noten-Ride-Patterns, um deine Bass-Drum-Technik aufzubauen.

Beispiel 1i:

Beispiel 1j:

Übe nun, 1/8-Snare-Drum-Schläge mit einem 1/4-Noten-Ride-Pattern zu kombinieren. Die folgenden Beispiele sollen dir helfen, eine bessere Zweihand-Koordination zu entwickeln.

Beispiel 1k:

Beispiel 1l:

1/8-Noten-Rudiments: Einzel- und Doppelschlagwirbel (Single und Double Stroke Roll)

Rudiments sind die Grundlage allen Schlagzeugspiels und werden mit bestimmten Sticking-Kombinationen gespielt. Du solltest sie auf der Snare Drum üben, bevor du sie auf das gesamte Schlagzeug überträgst, um deine Sticking-Technik, Reflexe, Ausdauer und Kreativität zu entwickeln.

Es ist einfach, Grooves und Fills auf der Basis von Rudiments zu kreieren, und sie sind die wesentlichen Werkzeuge eines Schlagzeugers für seine musikalische Entwicklung. Bevor wir einige einfache 1/8-Noten-Rudiments üben, wollen wir uns ansehen, wie man 1/8-Noten in einem 4/4-Takt zählt. Spiele das folgende Beispiel auf der Snare Drum und zähle dabei laut mit. Akzentuiere den ersten Schlag in jedem Takt mit deiner Stimme.

Beispiel 1m:

Die folgenden Beispiele zeigen die Rudiments des 1/8-Einzelschlagwirbels und des 1/8-Doppelschlagwirbels. Achte auf die Sticking-Angaben unter der Notation. Es ist *sehr wichtig*, dass du langsam vorgehst und sicherstellst, dass du jede Übung richtig spielst.

1/8-Einzelschlagwirbel.

Beispiel 1n:

1/8-Doppelschlagwirbel.

Beispiel 1o:

Beispiel 1p: Im nächsten Beispiel wird ein 1/4-Fuß-Pattern mit dem Hi-Hat-Fuß und der Bass Drum gespielt. Spiele dieses Pattern mit beiden 1/8-Noten-Rudiments, um deine Koordination zu verbessern.

Spiele das folgende Beispiel sowohl mit einem Einzel- als auch mit einem Doppelschlagwirbel.

Groove-Variationen mit 1/8-Noten-Fills

Das Hinzufügen eines *Fills* am Ende einer rhythmischen Phrase ist eine wichtige Struktur im Rock-Schlagzeug. Die folgenden Beispiele helfen dir beim Erlernen dieser Struktur und bereiten dich auf komplexere Rock-Grooves für später vor. Jedes Beispiel hat eine Groove-Variation in einer viertaktigen Phrase mit 1/8-Noten-Fill im letzten Takt. Du wirst diese Struktur schon oft in der Pop-, Rock-, Blues- und Jazzmusik gehört haben.

Achte auf das Sticking in jedem Fill und auch darauf, ob ein Einzel- oder Doppelschlagwirbel verwendet wird.

Beispiel 1q:

Beispiel 1r:

Beispiel 1s:

Beispiel 1t:

Das ist alles für Kapitel eins. Du hast begonnen, die Grundfähigkeiten des Rock-Schlagzeugspiels zu entdecken, also übe jede Übung sorgfältig mit einem Metronom. Beginne mit einem Klick, der auf 50 bpm eingestellt ist. Das ist dein 1/4-Noten-Puls. Wenn du ein Beispiel *dreimal perfekt* durchspielen kannst, erhöhe das Tempo um 5 bpm und bleib bei diesem Tempo, bis du es wieder dreimal perfekt durchspielen kannst. Erhöhe die Geschwindigkeit schrittweise bis auf etwa 120 bpm.

Bleib jedoch nicht nur bei einer Übung und bring sie auf 120 bpm, bevor du zur nächsten übergehst. Nimm dir Zeit, alle Übungen in diesem Kapitel täglich zu üben, und führe ein Tagebuch über deine Fortschritte. Das bedeutet, dass du bei jeder neuen Übungseinheit dort weitermachen kannst, wo du aufgehört hast. Natürlich musst du nach 24 Stunden Pause das Tempo des Metronoms etwas herabsetzen, während du dich wieder mit jeder Übung vertraut machst.

Kapitel Zwei

1/8-Noten-Ride-Patterns und Fills

In diesem Kapitel wirst du deine primären Schlagzeugfähigkeiten weiter entwickeln, indem du einige wichtige 1/8-Noten-Ride-Patterns lernst. 1/8-Noten-Ride-Patterns sind grundlegend beim Rock-Schlagzeugspiel und werden normalerweise über *Backbeats* geübt.

Ein *Backbeat* wird durch einen charakteristischen scharfen Snare-Drum-Akzent auf die Schläge 2 und 4 eines Taktes gebildet. Die Schläge 1 und 3 werden von der Bass Drum gespielt.

Nachfolgend sind gängige Rock-Groove-Variationen mit 1/8-Noten-Ride-Patterns und Backbeats aufgeführt:

Zähle und spiele das folgende 1/8-Noten-Ride-Pattern auf geschlossenen Hi-Hats.

Beispiel 2a:

Spiele nun das Pattern auf dem Ride-Becken.

(Versuche auch, 1/4-Noten-Schläge mit dem Hi-Hat-Fuß hinzuzufügen, um deine Koordination und dein Gleichgewicht zu entwickeln. Die Hi-Hat-Fuß-Schläge sind in Takt drei und vier notiert).

Beispiel 2b:

Spiele das nächste Ride-Pattern auf geschlossenen Hi-Hats und spiele die Snare Drum mit einem Cross-Stick.

Beispiel 2c:

Spiele das folgende 1/8-Noten-Ride-Pattern auf geschlossenen Hi-Hats mit Rim-Shots auf der Snare Drum.

Beispiel 2d:

Diese fundamentalen Grooves sind die wichtigsten, die man lernen muss, und viele große Rocksongs werden mit sehr einfachen Grooves, wie den oben gezeigten, gespielt.

Zum Beispiel Little Richards *Long Tall Sally*, Tom Petty and The Heartbreakers' *I Won't Back Down*, The Steve Miller Band's *The Joker*, AC/DC's *Thunderstruck, T.N.T.* und *Highway to Hell* zeigen alle, wie wichtig es ist, die Grundlagen richtig zu beherrschen.

Die einfachste Art, verschiedene Rock-Grooves zu erzeugen, ist die Verwendung verschiedener 1/8-Noten-Varianten der Bass Drum. Sieh dir die folgenden Beispiele an:

Beispiel 2e:

Beispiel 2f:

Beispiel 2g:

Das folgende Beispiel zeigt ein „4-To-The-Floor"-Pattern auf der Bass Drum.

Beispiel 2h:

Du kannst ähnliche Bass-Drum-Variationen wie die oben genannten Beispiele in Coldplays *Yellow*, Lenny Kravitz' *Again* und *Wind of Change* von den Scorpions hören. Queen's *Another One Bites the Dust* hat ein „4-to-the-floor"-Bass-Drum-Pattern.

Backbeat-Variationen:

Eine weitere kreative Möglichkeit, die 1/8-Noten-Ride-Pattern-Grooves zu verbessern, ist die Verwendung von Backbeat-Variationen. Diese sind wie die Variationen der Bass Drum, aber der Backbeat (normalerweise auf der Snare Drum) wird auf die Schläge 2 und 4 gespielt.

Double Backbeats sind eine beliebte Ergänzung und werden generell in Rock-and-Roll-Grooves verwendet.

Beispiel 2i: Double Backbeats

I Wanna Hold Your Hand von den Beatles und Pearl Jam's Cover von *Last Kiss* haben Double Backbeats in ihren Grooves. (*Last Kiss* wurde ursprünglich von Wayne Cochran veröffentlicht).

Die folgenden Beispiele zeigen weitere Backbeat-Varianten. Jede Variation hat einen spezifischen Namen und wird in vielen verschiedenen Rockgenres gespielt. Übe sie sorgfältig.

Single Backbeat.

Beispiel 2j:

Halftime-Feel.

Beispiel 2k:

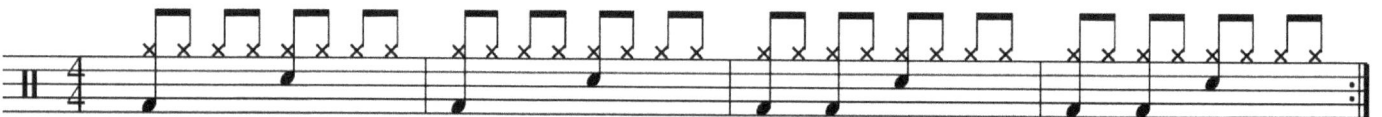

Doubletime-Feel.

Beispiel 2l:

Ersetzte Backbeats.

Beispiel 2m:

„Gerades Vierer"-Snare-Drum-Pattern.

Beispiel 2n:

Tomtoms als Backbeats spielen.

Beispiel 2o:

Akzentuierte Noten

Akzente sind Noten, die absichtlich stärker gespielt werden. Diese Noten sind durch ein Akzentzeichen (>) gekennzeichnet.

Das Spielen von akzentuierten Noten auf 1/8-Ton-Ride-Patterns ist eine nützliche Technik, die den Groove interessanter macht. Achte beim Üben dieser Technik auf den Klangunterschied zwischen den akzentuierten und den anderen Noten. Benutze deinen Unterarm und dein Handgelenk mehr und schlage mit dem Schaft des Sticks, um deutlich erkennbare akzentuierte Noten zu spielen.

Im folgenden Beispiel spielst du die Akzente mit der Hi-Hat auf jedem 1/4-Noten-Schlag. Dieses Pattern wird häufig in harten Rock-, Grunge- und Metal-Grooves verwendet.

Beispiel 2p:

Spiele nun die Akzente auf der zweiten 1/8-Note jedes Schlages. Dieses Pattern wird häufig in Funk-Rock- und Alternative-/ Pop-Rock-Grooves verwendet.

Beispiel 2q:

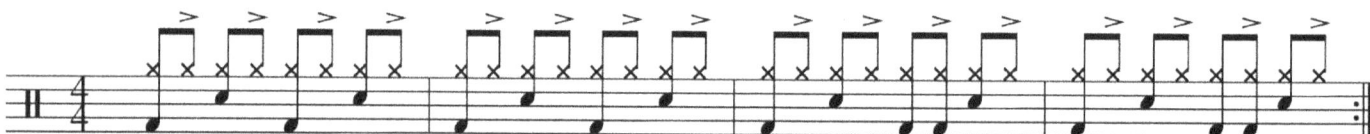

Offene/ geschlossene Hi-Hat-Schläge

Das Spielen offener (o) und geschlossener (+) Hi-Hat-Schläge ist eine effektive Technik, die in jedem Groove einen anderen Klang und ein anderes Gefühl erzeugt. Es verändert direkt die *Melodie* des Grooves.

Auf den geschlossenen Hi-Hats kannst du jedes beliebige Ride-Pattern spielen. Lass den Hi-Hat-Fuß los, um auf Wunsch den offenen Hi-Hat-Sound zu erzeugen. Tritt wieder auf das Pedal, um die Hi-Hats zu schließen. Damit diese Technik funktioniert, müssen deine Fußbewegungen präzise sein.

Die folgenden Beispiele werden deine Technik schnell entwickeln:

Beispiel 2r:

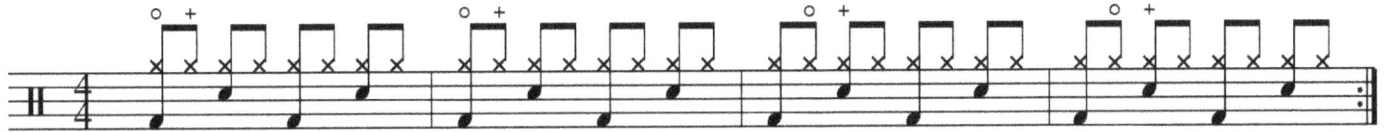

Beispiel 2s:

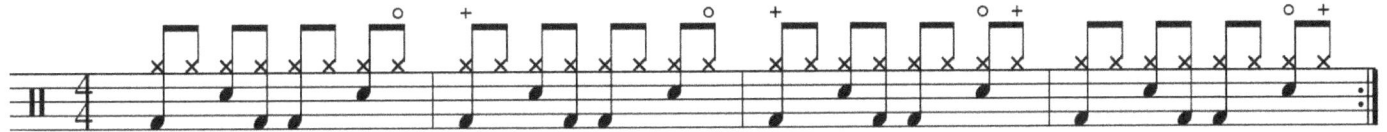

Hör dir *Anybody Seen My Baby* von den Rolling Stones an. Dieser Song hat einen coolen Groove, der geschickt offene und geschlossene Hi-Hat-Schläge verwendet.

1/8-Noten-Rudiment: Single Paradiddle

Der 1/8-Single-Paradiddle ist ein wichtiges Rudiment, um deine Sticking- und Schlagzeugfähigkeiten zu entwickeln. Es handelt sich um eine Kombination aus Einzel- und Doppelschlagwirbel. Übe die folgenden wichtigen Beispiele:

1/8-Single-Paradiddle.

Beispiel 2t:

Das folgende 1/4-Fuß-Pattern wird mit Hi-Hat-Fuß- und Bass-Drum-Schlägen erstellt. Kombiniere es mit einem 1/8-Single-Paradiddle auf der Snare Drum.

Beispiel 2u:

Groove-Variationen mit 1/8-Noten-Fills

Im vorigen Kapitel hast du geübt, 1/8-Noten-Fills mit 1/4-Grooves zu kombinieren.

Jetzt ist es an der Zeit, 1/8-Noten-Fills mit 1/8-Noten-Ride-Patterns in viertaktigen Phrasen zu üben, um komplexere Rockbeats zu entwickeln. Achte auf die Sticking-Kombinationen, die für die Fills in Takt vier angegeben sind.

Beispiel 2v:

Beispiel 2w:

Beispiel 2x:

Beispiel 2y:

Spiele im nächsten Beispiel die akzentuierten Töne auf der Ride-Kuppe und die unbetonten Töne auf der Fläche des Ride-Beckens. Dies ist ein gebräuchliches Ride-Becken-Pattern.

Beispiel 2z:

Die Übungen in diesem Kapitel sind der Beginn einer aufregenden Reise zu einem der grundlegendsten Aspekte des Rock-Schlagzeugspiels. Denk dir deine eigenen Beispiele aus und denk daran, schrittweise mit einem Metronom zu üben. Im nächsten Kapitel werden wir uns anschauen, wie man Grooves mit 1/16-Noten-Rhythmen macht.

Kapitel Drei

1/16-Noten-Ride-Patterns und 1/16-Noten-Fills

Wenn du 1/4- und 1/8-Noten-Ride-Patterns beherrschst, bist du bereit, einen weiteren häufig verwendeten Ansatz zu erlernen, nämlich 1/16-Noten-Ride-Patterns.

1/16-Noten-Ride-Patterns können entweder mit einer Hand oder mit zwei Händen gespielt werden. Es ist unerlässlich, beide Techniken zu entwickeln, um deine Schlagzeugkenntnisse zu verbessern.

Schauen wir uns diese wichtigen Techniken genauer an:

Einhändige 1/16-Noten-Ride-Patterns

Je mehr Töne in 1/16-Noten-Ride-Patterns gespielt werden, desto schwieriger kann es sein, sie zu spielen. Bei langsamen bis mittleren Tempi bevorzugen Schlagzeuger im Allgemeinen 1/16-Noten-Ride-Patterns mit einer Hand zu spielen.

Zähle und übe die folgenden Beispiele aufmerksam.

Das erste Beispiel zeigt, wie 1/16-Noten gezählt werden. Spiele mit einer Hand das 1/16-Noten-Ride-Pattern auf geschlossenen Hi-Hats.

Beispiel 3a:

Beispiel 3b:

Beispiel 3c:

Halftime-Feel.

Beispiel 3d:

Doubletime-Feel.

Beispiel 3e:

Alice in Chains' *Down in a Hole* hat einen farbenfrohen Groove, der mit 1/16-Noten-Ride-Patterns arbeitet. Das Tempo ist überschaubar, so dass das Ride-Pattern mit einer Hand gespielt wird. Du kannst viele verschiedene Groove-Variationen im gleichen Song hören.

Einhändige 1/16-Noten-Ride-Pattern-Variationen

Nun wollen wir uns darin üben, einige Ride-Pattern-Variationen mit einer Hand zu spielen. Achte wie bisher darauf, wie die einzelnen Varianten gezählt werden.

Hör dir Eric Claptons *Wonderful Tonight* und *Hotel California* von The Eagles an, um verschiedene Verwendungen dieser ersten Variation zu hören.

Beispiel 3f:

Die folgenden Variationen werden alle häufig benutzt und helfen bei der Entwicklung deiner Technik. Spiele sie langsam und benutze ein Metronom.

Beispiel 3g:

Beispiel 3h:

Zweihändige 1/16-Noten-Ride-Patterns

Das Spielen von 1/16-Noten-Ride-Patterns mit zwei Händen ist eine wichtige Schlagzeugtechnik. Die Sticking-Kombination mit zwei Händen wird als *Wechselhandtechnik* bezeichnet. Die Handkombination ist „R L R L …" oder „L R L R …". Diese Technik wird generell im Rock bei geschlossenen oder offenen Hi-Hats bei höheren Tempi verwendet.

Jedes mit einer Hand gespielte 1/16-Ride-Pattern kann auch mit der Wechselhandtechnik gespielt werden.

Spiele zu Beginn dieses 1/16-Pattern auf geschlossenen Hi-Hats mit zwei Händen.

Beispiel 3i:

Arbeite die folgenden Ideen durch, um ein Gefühl für die 1/16-Note und die Wechselhandtechnik zu bekommen.

Beispiel 3j:

Beispiel 3k:

Halftime-Feel.

Beispiel 3l:

Doubletime-Feel.

Beispiel 3m:

Hör dir Deep Purple's *Smoke on the Water* an, um zu hören, wie die im klassischen Rockgenre eingesetzt wird. Die Ride-Patterns werden während des Intros und der Melodieabschnitte des Liedes gespielt. Hör dir auch *Parallel Universe* von den Red Hot Chilli Peppers als ein großartiges Beispiel für den Wechsel der Hände im modernen Alternative/ Funk-Rock-Genre an.

Die Technik der sich abwechselnden Hände ist nicht die einzige Möglichkeit, mit zwei Händen zu spielen. Du kannst auch verschiedene Handkombinationen und Rudiments entwickeln, wenn sich deine Fähigkeiten verbessern.

Zweihändige Ride-Variationen mit Kombinationen

Zweihändige Kombinationen mit 1/16-Noten sind nicht so kompliziert, wie sie aussehen. Wenn du auf die Handkombinationen achtest und Geduld hast, kannst du deine Technik leicht verbessern.

Diese Kombinationen helfen dir, in schnellerem Tempo zu spielen und stärkere Beats zu erzeugen. Du solltest jedoch zunächst in langsamerem Tempo üben, bevor du allmählich schneller wirst. Jedes der folgenden Beispiele bietet dir zwei verschiedene Kombinationen.

Alternative zweihändige Kombination: *R LLR LLR LLR LL.*

Beispiel 3n:

Alternative zweihändige Kombination: *RLL RLL RLL RLL.*

Beispiel 3o:

Alternative zweihändige Kombination: *RL RLR L RL RLR L.*

Beispiel 3p:

1/16-Noten-Rudiments: Einzelschlagwirbel, Doppelschlagwirbel und Single Paradiddle

In den vorangegangenen Kapiteln haben wir uns mit 1/8-Einzelschlagwirbeln, -Doppelschlagwirbeln und -Single-Paradiddles befasst. Nun werden wir uns auf die 1/16-Versionen derselben Rudiments konzentrieren. Die folgenden Beispiele sollen dir helfen, deine Koordination und Sticking-Technik zu entwickeln.

Das erste Beispiel zeigt den 1/16-Einzelschlagwirbel.

Beispiel 3q:

Hier ist der 1/16-Doppelschlagwirbel.

Beispiel 3r:

1/16-Single-Paradiddle.

Beispiel 3s:

Spiele jedes Rudiment mit einem 1/4-Hi-Hat-Fuß-Pattern, wie in Takt eins und zwei gezeigt. Spiele dann jedes Rudiment mit dem 1/8-Hi-Hat-Fuß-Pattern, wie in Takt drei und vier gezeigt. Hör dir das Audio an, um dies in Aktion zu hören.

Beispiel 3t:

Groove-Variationen mit 1/16-Noten-Fills

1/16-Noten-Fills werden in verschiedenen Genres verwendet und basieren auf 1/16-Noten-Rudiments und Handkombinationen.

Übe die folgenden Groove-Beispiele sorgfältig. Diese Beispiele helfen dir, Ideen für 1/16-Noten-Fills zu entwickeln und bereiten dich darauf vor, später komplexere Grooves zu spielen.

Jedes der folgenden Beispiele enthält zwei Fills. Spiele sie in den Takten zwei und vier jeder Phrase.

Das erste Beispiel kombiniert ein 1/8-Noten-Ride-Pattern mit 1/16-Noten-Fills.

Beispiel 3u:

Beispiel 3v:

Beispiel 3w:

Das nächste Beispiel ist um ein 1/16-Noten-Ride-Pattern (abwechselnde Hände) mit zwei 1/16-Noten-Fills aufgebaut.

Beispiel 3x:

Spiele diese 1/16-Noten-Ride-Pattern-Variante (Sticking mit einer Hand) und füge die 1/16-Noten-Fills hinzu.

Beispiel 3y:

Da 1/16-Rhythmen mehr Töne enthalten, sind ihre rhythmischen Permutationen nahezu unbegrenzt. Sei in deiner Praxis kreativ und schau, wie viele Ideen dir einfallen können. Entdecke, was das Sticking mit einer Hand und mit abwechselnden Händen zu bieten hat.

Kapitel Vier

1/8-Groove-Variationen und Ghost Notes

Nachdem wir in den vorangegangenen drei Kapiteln verschiedene Ride-Patterns studiert haben, konzentrieren wir uns nun darauf, farbenfrohere und komplexere Groove-Variationen zu kreieren und zu spielen. Die gängigste Art, Rock-Grooves zu verbessern, ist die Kombination von 1/16-Bass-Drum-Schlägen mit 1/8-Noten-Ride-Patterns.

Anhand der folgenden Beispiele wirst du lernen, wie man synkopierte (Off-Beat) 1/16-Bass-Drum-Schläge verwendet und gleichzeitig deine Schlagzeugtechnik verbessert. Zähle laut, denn das hilft dir, im Takt zu spielen und die Rhythmen zu verinnerlichen.

Beispiel 4a:

Beispiel 4b:

Beispiel 4c:

Ähnliche synkopierte Bass-Drum-Variationen kann man in Pink Floyds *Comfortably Numb*, Led Zeppelins *Kashmir* und Coldplays *In My Place* hören.

Das Spielen von offenen/ geschlossenen Hi-Hat-Schlägen mit synkopierten Bass-Drum-Schlägen im gleichen Groove ist eine weitere Möglichkeit, farbenfrohe und funky Variationen zu erzeugen:

Beispiel 4d:

Beispiel 4e:

Beispiel 4f:

Eine effektive Möglichkeit, verschiedene Grooves zu erzeugen, ist das Spielen von synkopierten 1/16-Snare-Drum-Schlägen mit 1/8-Noten-Ride-Patterns:

Beispiel 4g:

Beispiel 4h:

Beispiel 4i:

Ähnliche Variationen der Snare Drum kann man in Bush's *Machinehead* und Stiltskin's *Inside* hören.

Ghost Notes auf der Snare Drum

Ghost Notes werden viel weicher und leiser gespielt als andere Noten. Sie verleihen einer Phrase mehr „Tiefe" und erzeugen einen perkussiven Effekt und ein grooviges Gefühl. Sie werden als normale Noten in Klammern ( ) angezeigt und können auf jedem Teil des Sets gespielt werden. Besonders häufig sind sie jedoch auf der Snare Drum zu finden.

Ghost Notes sind in allen Musikstilen üblich, und sie treten häufig in Jazz, Latin, Funk, Soul und Pop usw. auf. Das Üben von Ghost Notes in Grooves wird deine Sensibilität verbessern und dir helfen, die Grundlage für andere Stile zu entwickeln.

Schau dir die Ghost Notes in den Grooves unten an.

Beispiel 4j:

Beispiel 4k:

Beispiel 4l:

Beispiel 4m:

Eine kreative Idee ist es, offene und geschlossene Hi-Hat mit Ghost Notes zusammen zu spielen, um einen interessanten Groove zu erzeugen.

Beispiel 4n:

Du kannst auch 1/16-Noten-Ride-Variationen mit offenen/ geschlossenen Hi-Hat-Backbeats und Ghost Notes im selben Groove kombinieren. Das folgende Beispiel ist ein herausforderndes Beispiel, um dieses Kapitel abzuschließen.

Beispiel 4o:

Hör dir *Californication*, *Scar Tissue* und *Otherside* von The Red Hot Chili Peppers an, und du wirst viele verschiedene Variationen von Ghost Notes hören.

Kapitel Fünf

1/8-Triolen und Shuffle-Patterns

1/8-Triolen und Shuffle-Ride-Patterns sind gängige Grooves im Rock. Sie haben ein anderes Feel als die Patterns, die du bisher gelernt hast.

1/8-Triolen-Ride-Patterns

Wenn 1/4-Noten in drei gleiche Schläge geteilt werden, erzeugen wir 1/8-Triolen (drei Noten pro Schlag). Ride-Patterns, die auf diesen Rhythmen basieren, werden nicht überraschend als *1/8-Triolen-Ride-Patterns* bezeichnet. Die nächsten beiden Beispiele zeigen, wie dieser Groove funktioniert.

Zuerst wird hier erklärt, wie man 1/8-Triolen zählt. Spiele dieses Pattern auf geschlossenen Hi-Hats.

Beispiel 5a:

Spiele nun das 1/8-Triolen-Pattern auf dem Ride-Becken. Füge in den Takten drei und vier 1/4-Hi-Hat-Fuß-Schläge in den Groove mit ein, um deine Koordination zu testen.

Beispiel 5b:

Bass- und Snare-Drum-Variationen können verwendet werden, um verschiedene Grooves mit 1/8-Triolen-Ride-Patterns zu erzeugen:

Beispiel 5c:

Beispiel 5d:

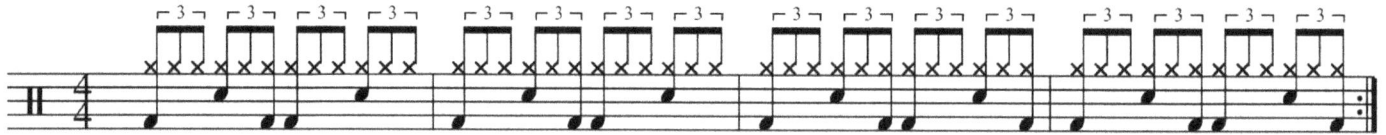

Beispiel 5e:

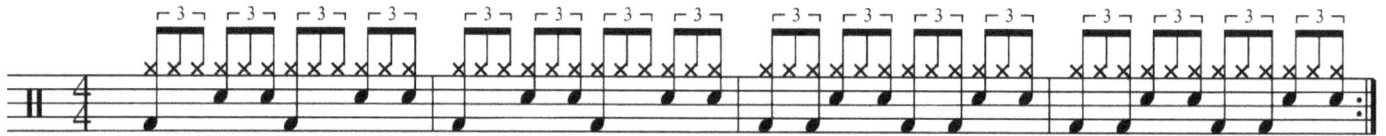

Halftime-Feel.

Beispiel 5f:

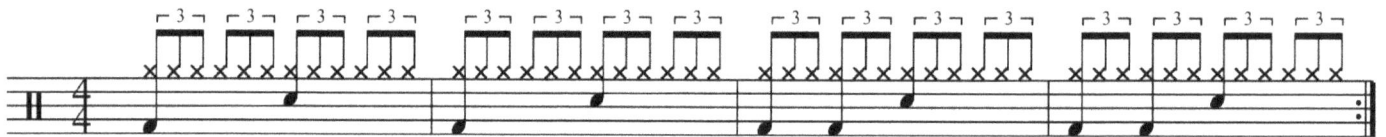

Das nächste Beispiel hat ein Doubletime-Feel.

Beispiel 5g:

Bon Jovi's *Bed of Roses*, Queen's *We are the Champions* und R.E.M.'s *Everybody Hurts* haben 1/8-Triolen-Ride-Pattern-Grooves.

Wenn du dir diese Lieder anhörst, kannst du die Triolen-Ride-Patterns besser verstehen.

1/8-Shuffle-Ride-Patterns

Der *1/8-Shuffle* ist eine rhythmische Formation, die aus 1/8-Triolen besteht, wobei die Mitteltöne fehlen.

Der Shuffle kann anfangs schwierig zu spüren sein. Versuche, dein Metronom auf etwa 150 bpm einzustellen und jedes Klicken als einzelne 1/8-Triole zu hören. Das bedeutet, dass drei Klicks ein Schlag sind. Du kannst dann den ersten und dritten Klick spielen, während du den mittleren auslässt.

Zähle laut,

„Tri - o – le Tri - o – le Tri - o – le Tri - o – le".

mit einer Silbe pro Klick.

Als nächstes ersetzt du die Silbe „Tri" durch die Taktzahl, also sagst du jetzt,

„EIN - o - le Zwei - o - le Drei - o - le Vier - o – le".

Lass zum Schluss die Mittelsilbe „o" aus.

„Ein – Le Zwei – Le Drei - Le Vier – Le".

Höre dir das Audio genau an, bevor du die folgenden Beispiele spielst.

So wird das 1/8-Shuffle-Pattern gezählt. Spiele es auf geschlossenen Hi-Hats.

Beispiel 5h:

Spiele nun das Pattern auf dem Ride-Becken.

Beispiel 5i:

Du kannst Bass- und Snare-Dum-Variationen verwenden, um 1/8-Shuffle-Ride-Patterns zu verbessern. Achte beim Üben der folgenden Beispiele darauf, das Shuffle-Feeling beizubehalten.

Beispiel 5j:

Beispiel 5k:

Beispiel 5l:

Queen's *Crazy Little Thing Called Love*, Tragically Hip's *Courage* und Muse's *Uprising* sind großartige Beispiele für Shuffle-Rock.

Dieser Halftime-Shuffle ist eine herausfordernde Variante.

Beispiel 5m:

Füge nun einige Ghost Notes zum Halftime-Shuffle-Ride-Pattern hinzu. Toto's *Rosanna* hat einen fantastischen Halftime-Shuffle-Groove mit Ghost Notes.

Beispiel 5n:

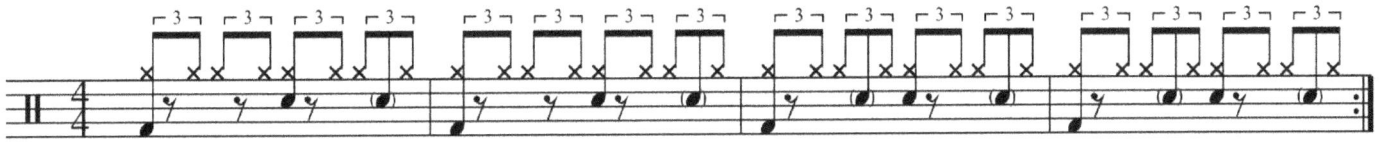

Hier ist ein Doubletime-Shuffle.

Beispiel 5o:

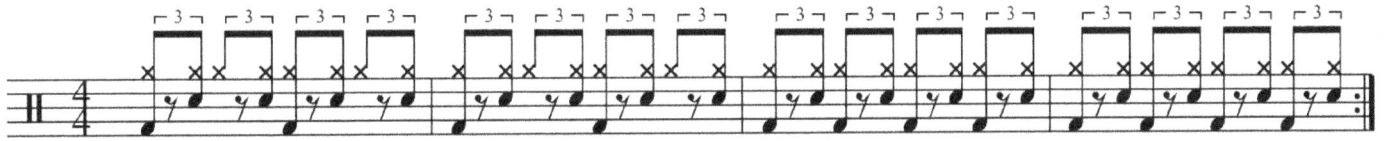

Swing ist der Grundrhythmus des Jazz. Er wird aus einer Kombination von 1/4-Noten und 1/8-Shuffle erstellt.

Beispiel 5p: Swing-Feeling.

In klassischen Rock'n'Roll-Songs kann man Shuffle- und Swing-Grooves hören. Elvis Presleys *Blue Suede Shoes* and *Hound Dog* und The Everly Brothers' *Bye Bye Love* sind gute Beispiele dafür.

1/8-Triolen-Rudiments: Einzelschlagwirbel und Double Paradiddle

Der 1/8-Triolen-Einzelschlagwirbel und der -Double-Paradiddle sind die Grundlagen, die du in diesem Kapitel lernen wirst. Durch die folgenden Übungen wirst du die Sticking-Technik und die Koordination entwickeln.

Beginne mit dem 1/8-Triolen-Einzelschlagwirbel.

Beispiel 5q:

R L R L R L R L R L R L   R L R L R L R L R L R L   R L R L R L R L R L R L   R L R L R L R L R L R L

Versuche jetzt den 1/8-Triolen-Double-Paradiddle. Sei vorsichtig mit dem Sticking!

Beispiel 5r:

R L R L R R L R L R L L   R L R L R R L R L R L L   R L R L R R L R L R L L   R L R L R R L R L R L L

Spiele jedes Rudiment mit einem 1/4-Bass-Drum-Pattern in Takt eins und zwei, dann mit einem 1/4-Hi-Hat-Fuß-Pattern in Takt drei und vier.

Beispiel 5s:

Groove-Variationen mit 1/8-Triolen-Fills

Triolen- und Shuffle-Rhythmen können zusammen in Phrasen und Fills gespielt werden. 1/8-Noten-Fills können sowohl mit 1/8-Triolen-Ride-Patterns als auch mit 1/8-Shuffle-Ride-Patterns gespielt werden.

Die folgenden Variationen basieren auf diesen Konzepten und helfen dir, Ideen für 1/8-Triolen-Fills zu entwickeln, während sie dich auf komplexere 1/8-Triolen-Grooves vorbereiten.

Jedes der folgenden Beispiele enthält zwei eintaktige Fills. Spiele die Triolen-Fills in den Takten zwei und vier jeder Phrase und achte genau auf das Sticking.

Beispiel 5t:

Beispiel 5u:

Beispiel 5v:

Beispiel 5w:

Beispiel 5x:

Kapitel Sechs

Zurück zu den Wurzeln: Blues-Schlagzeug

Der Blues ist die Wurzel allen Rock-Schlagzeugs. Er ist nicht nur für den Rock, sondern auch für Jazz, Funk, R&B, Rap und viele andere Stile von grundlegender Bedeutung. Seit den frühen 1900er Jahren hat die Blues-Musik die Entwicklung jeder modernen Musikgattung beeinflusst, so dass das Erlernen des Blues-Schlagzeugs für jeden Schlagzeuger eine Notwendigkeit ist.

1/16-Sextolen-Rudiment: Einzelschlagwirbel

1/16-Sextolen werden in vielen Blues-Grooves verwendet, daher ist es wichtig, sie zu verstehen, bevor man sich dem Rest des Kapitels zuwendet. 1/16-Sextolen entstehen, wenn 1/4-Noten-Rhythmen in sechs gleiche Unterteilungen geteilt werden.

Übe die folgenden Beispiele, um deine Sticking-Technik und Koordination zu verbessern. Hör dir das Audio an, bevor du die folgenden Beispiele spielst, da 1/16-Sextolen anfangs schwer zu verstehen sein können.

So werden 1/16-Sextolen gezählt. Zähle sie laut, bevor und während du sie spielst.

Beispiel 6a:

Probiere diesen 1/16-Sextolen-Einzelschlagwirbel aus.

Beispiel 6b:

Füge nun ein 1/4-Noten-Fuß-Pattern hinzu.

Beispiel 6c:

Die obigen Vorübungen werden dich für den Rest dieses Kapitels unterstützen und dir helfen, mehr Kontrolle und Technik in deinem Spiel zu entwickeln.

Langsamer Blues

Der langsame Blues-Stil basiert auf 1/8-Triolen-Ride-Patterns.

Beginne damit, dieses Pattern auf geschlossenen Hi-Hats zu spielen.

Beispiel 6d:

Der langsame Blues-Beat wird oft im 12/8-Takt geschrieben, weil er sich natürlich in vier Dreiergruppen (4 x 3 = 12) aufteilt. Dies ergibt vier Schläge mit drei Unterteilungen und erspart das Schreiben aller Triolen über den Noten, wie oben gezeigt. Das obige 4/4-Beispiel ist unten in 12/8 geschrieben, und die beiden Beispiele klingen identisch.

Beispiel 6e:

Spiele nun das 1/8-Triolen-Ride-Pattern auf dem Ride-Becken. Spiele Hi-Hat-Fuß-Noten auf dem 2. und 4. Schlag jedes Taktes.

Beispiel 6f:

Versuche als nächstes, das 1/8-Triolen-Pattern auf geschlossenen Hi-Hats zu spielen.

Beispiel 6g:

Lass uns „verdoppeln" und eine 1/16-Sextole auf der zweiten Triole der Schläge 1 und 3 hinzufügen.

Beispiel 6h:

Spiele nun einen 1/8-Triolen-Fill in Takt zwei und einen 1/16-Sextolen-Fill in Takt vier.

Beispiel 6i:

Ray Charles' *Night Time Is the Right Time* ist ein großartiges Beispiel für das Schlagzeugspiel im langsamen Blues-Genre. Hör dir auch Gary Moores *Still Got the Blues* an. Dieses Lied im Blues-Rock-Stil hat einen charakteristischen Groove.

Medium- und Up-Tempo-Shuffles

Weitere wichtige Blues-Stile sind der *Medium-Tempo-Shuffle (90 - 140 bpm)* und der *Up-Tempo-Shuffle (160 bpm+)*. Die folgenden viertaktigen Variationen können in beiden Tempobereichen gespielt werden.

Spiele die folgenden Shuffle-Ride-Patterns auf dem Ride-Becken und setze Hi-Hat-Fuß-Noten auf den 2. und 4. 1/4-Schlag jedes Taktes:

Beispiel 6j:

Beispiel 6k:

Beispiel 6l:

Hör dir B.B. King's *Rock Me Baby* als Beispiel für den Shuffle-Blues in mittlerem Tempo an. Du kannst dir auch John Lee Hooker's *Boom Boom Boom* anhören, um einen Up-Tempo-Shuffle-Blues zu hören.

Der traditionelle Chicago-Stil-Shuffle

Der Chicago-Shuffle hat ein einzigartiges Shuffle-Pattern, das auch als *Double-Shuffle*-Groove bekannt ist. Das Ride-Becken und die Snare Drum sind in diesem Groove dominant, wobei beide durchgehend zusammengespielt werden.

Beispiel 6m:

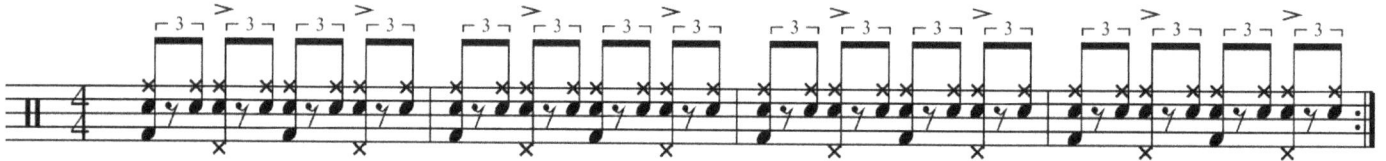

Der Zwölf-Takt-Blues

Die häufigste Form des Blues ist der *Zwölf-Takt-Blues*. Ein „Zwölf-Takt" ist eine Bluesform, die eine spezifische harmonische (Akkord-)Struktur hat und zwölf Takte lang ist. In seiner einfachsten Form basiert der Zwölf-Takt-Blues auf den I-, IV- und V-Akkorden einer Tonart. In der Tonart E wären diese Akkorde beispielsweise E-Dur, A-Dur und B-Dur.

Schlagzeuger folgen und umreißen die zwölftaktige Formation und halten den Blues-Groove in Bewegung. Am Ende von Takt zwölf wiederholt sich die gesamte Struktur.

Das folgende Beispiel zeigt ein Zwölf-Takt-Blues-Medium-Tempo-Shuffle-Pattern.

Spiele beim ersten Durchgang das 1/8-Shuffle-Ride-Pattern auf geschlossenen Hi-Hats. Spiele bei der Wiederholung das Pattern auf dem Ride-Becken.

Beispiel 6n:

Die Version der Blues Brothers von *Sweet Home Chicago* ist ein perfektes Beispiel für einen Zwölf-Takt-Shuffle-Blues in mittlerem Tempo und wurde erstmals von dem Gitarristen Robert Johnson aufgenommen.

Wir haben einige Blues-Stile behandelt, die auf 1/8-Triolen und Shuffle-Rhythmen basieren. Es gibt jedoch auch viele Blues-Songs, die auf reinen 1/8-Rock-Beats basieren.

Jimi Hendrix, Steve Ray Vaughan, Garry Moore, Eric Clapton und viele andere Künstler und Bands haben alle den geraden Rock-Beat mit dem Blues zum „Blues-Rock" verschmolzen.

Kapitel Sieben

Technik entwickeln: Weitere grundlegende Rudiments

Ich habe zu Beginn des vorherigen Kapitels erwähnt, dass das Üben von Rudiments der beste Weg für Schlagzeuger/-innen ist, ihre Technik und ihren Rhythmus zu verbessern.

Dieses Kapitel soll dir helfen, verschiedene wichtige Grundlagen und Übungen zur Kontrolle der Sticks zu entwickeln. Durch das Üben dieser Beispiele wirst du deine Kreativität, Flexibilität, Ausdauer, Koordination und Technik entwickeln können.

1/16-Wirbel

1/16-Wirbel werden durch die Kombination von Doppelschlagwirbeln mit einem akzentuierten Einzelschlag erzeugt. Die Five-Stroke-Roll enthält zum Beispiel zwei Doppelschläge und einen Einzelschlag.

Die folgenden Beispiele zeigen Five-, Seven-, Nine-, Eleven-, Thirteen- und Fifteen-Stroke-Rolls mit 1/16-Noten.

Beispiel 7a: 1/16-Five-Stroke-Roll.

Beispiel 7b: 1/16-Seven-Stroke-Roll.

Beispiel 7c: 1/16-Nine-Stroke-Roll.

Beispiel 7d: 1/16-Eleven-Stroke-Roll.

Beispiel 7e: 1/16-Thirteen-Stroke-Roll.

R R L L R R L L R R L L R   L L R R L L R R L L R R L   R R L L R R L L R R L L R   L L R R L L R R L L R R L

Beispiel 7f: 1/16-Fifteen-Stroke-Roll.

R R L L R R L L R R L L R R L   R R L L R R L L R R L L R R L   R R L L R R L L R R L L R R L   R R L L R R L L R R L L R R L

Übe diese Wirbel schrittweise mit einem Metronom, und wenn du beginnst, dich auf der Snare Drum (oder dem Übungspad) wohl zu fühlen, spielst du auf anderen Flächen, bevor du dich auf dem ganzen Set bewegst, um deine eigenen Fills zu erzeugen.

Flams

Ein *Flam* besteht aus zwei Einzelschlägen, die mit verschiedenen Höhen der Sticks und mit unterschiedlichen Stärken gespielt werden. Da die Sticks aus unterschiedlichen Höhen starten, sich aber mit gleicher Geschwindigkeit zum Trommelfell bewegen, entsteht eine winzige Lücke zwischen den beiden Kontakten.

Der erste Schlag wird als *Vorschlag* bezeichnet. Der Vorschlag wird sanft aus niedriger Höhe gespielt und hat keinen rhythmischen Wert. Der zweite Schlag wird als *Hauptschlag* bezeichnet. Der Hauptschlag wird stärker gespielt und der Stick beginnt auf einer höheren Höhe. Der Vorschlag wird ganz kurz vor dem Hauptschlag gespielt, um einen „fetteren" und längeren kombinierten Klang zu erzeugen.

Der Vorschlag muss sehr leicht vor dem Hauptschlag angeschlagen werden und wird immer mit der anderen Hand gespielt. In der Regel wird nur die Sticking-Richtung für den Hauptschlag angegeben. Du kannst die folgende Notation sehen. Wenn mehr als ein Vorschlag vor dem Hauptschlag gespielt wird, wird dies als *Drag* bezeichnet.

Sie dir diese Flam-basierten Rudiments an. 1/4-Flams, Variante eins.

Beispiel 7g:

1/4-Flams, Variante zwei.

Beispiel 7h:

Probiere diese 1/8-Flams auf der Basis des Einzelschlagwirbels aus.

Beispiel 7i:

Dieser 1/8-„Flam-Tab" basiert auf dem Doppelschlagwirbel.

Beispiel 7j:

Hier ist ein 1/8-„Flam-Paradiddle", der auf dem Einzelschlagwirbel basiert.

Beispiel 7k:

Wir können auch Flams in Triolen spielen. Sieh dir diese 1/8-Triolen-Flams an.

Beispiel 7l:

Ein *Drag* ist ein Flam mit mehr als einem Vorschlag. Hier sind einige 1/4-Drags.

Beispiel 7m:

Arbeite wie bisher mit einem Metronom, um deine Geschwindigkeit, Technik und dein Selbstvertrauen zu erhöhen, bevor du diese Ideen auf dem Set umsetzt, um deine eigenen Fills zu kreieren.

1/16-Sextolen-Rudiments

Die folgenden Rudiments sind essenziell. In diesem Abschnitt lernst du, wie man 1/16-Sextolen-Doppelschlagwirbel, -Double-Paradiddles und -Paradiddle-Diddles spielt.

Beispiel 7n: 1/16-Sextolen-Doppelschlagwirbel.

Beispiel 7o: 1/16-Sextolen-Double-Paradiddle.

Beispiel 7p: 1/16-Sextolen-Paradiddle-Diddle.

1/32-Noten-Rudiments

Gerade 1/16-Noten werden in zwei gleiche Teilungen geteilt, um 1/32-Noten zu erzeugen. Der 1/32-Einzelschlag- und Doppelschlagwirbel wird in den folgenden Beispielen gezeigt:

Beispiel 7r: 1/32-Einzelschlagwirbel.

R L R L R L R L R L R L R L R L R L R L R L R L R L R L R L R L   R L R L R L R L R L R L R L R L R L R L R L R L R L R L R L R L

Beispiel 7s: 1/32-Doppelschlagwirbel.

R R L L R R L L R R L L R R L L R R L L R R L L R R L L   R R L L R R L L R R L L R R L L R R L L R R L L R R L L

Mach dir vorerst nicht allzu viele Gedanken über 1/32-Noten. Verbringe mehr Zeit mit 1/16- und 1/8-Rhythmen, denn diese sind dein Alltagsbrot als moderne/-r Schlagzeuger/-in.

„Wechselhand"-Kombinationen

Nun wollen wir deine Wechselhand-Techniken (R L R L... oder L R L R...) in verschiedenen Kombinationen entwickeln, damit du die Kontrolle über das Set aufbauen kannst.

Die folgenden Beispiele zeigen dir, wie du ungerade und gerade Notenteilungen in einem Takt kombinieren kannst. Dadurch kannst du dich im Detail auf deinen Rhythmus konzentrieren. Mit diesen Ideen können sehr interessante Fills erstellt werden, obwohl man sie sehr sorgfältig üben muss, da das Kombinieren von ungeraden und geraden Notengruppen sehr schwierig ist.

Nimm deine Übungseinheiten bei der Arbeit an diesen Ideen auf und arbeite immer mit einem Metronom. Du wirst schnell hören, wo du in den Übungen anfängst zu beschleunigen und zu verlangsamen.

Beginnen wir mit der Kombination von 1/8-Noten und 1/8-Triolen. Es ist üblich, zu viel zu beschleunigen, wenn man in die Triolen übergeht, und zu viel schleppen, wenn man zurück zu den geraden 1/8 geht. Achte auf das Metronom.

Beispiel 7t:

Die nächste Übung ist schwierig. Kombiniere 1/8-Triolen und 1/16-Noten. Stelle das Metronom auf etwa 60 bpm ein und nimm dich dabei auf.

Beispiel 7u:

In der folgenden Übung lernst du, zwischen 1/8-Triolen und 1/16-Sextolen zu wechseln. Denk an ein „Double-Timing" der 1/8, um die 1/16 zu spielen.

Beispiel 7v:

Arbeite nun an verschiedenen 1/16-Noten-Varianten zusammen. Punktierte Noten findest du in Takt eins und zwei. Der Punkt erhöht den Wert der Note um die Hälfte ihres ursprünglichen Wertes.

In diesem Beispiel erhöht der Punkt den Wert der 1/8-Noten um eine 1/16-Note, so dass er 3 1/16-Noten ergibt.

Beispiel 7w:

Kapitel Acht

Dynamik

Die *Dynamik* sagt den Musikern, wie laut oder leise sie spielen sollen. Sie macht die Musik lebendig und fügt eine wichtige zusätzliche Dimension hinzu. Die Dynamik wird durch ihre *italienischen* Namen angezeigt und abgekürzt, damit sie von den Musikerinnen und Musikern leicht erkannt werden kann.

Die am häufigsten verwendeten Dynamiken sind unten dargestellt.

Symbol	Begriff	Wirkung
pp	*Pianissimo*	*Sehr leise*
p	*Piano*	*Leise*
mp	*Mezzo Piano*	*Mittelleise*
mf	*Mezzo Forte*	*Mittellaut*
f	*Forte*	*Laut*
ff	*Fortissimo*	*Sehr laut*

Piano, Mezzo Forte und Forte sind die drei Dynamikstufen, die du in diesem Kapitel lernen wirst. Es sind diejenigen, die üblicherweise im Rock verwendet werden.

Piano bezieht sich auf das sanfte und leise Spielen. Schau dir die folgenden Beispiele an und stelle sicher, dass du während der gesamten Übungen die Kontrolle über deine Dynamik behältst.

Beispiel 8a:

Beispiel 8b:

Beispiel 8c:

Beispiel 8d:

Mezzo Forte bezieht sich auf das Spielen mit mittlerer Lautstärke und mittlerer Stärke. Mezzo Forte ist das, was allgemein als „normale" Spiellautstärke definiert wird.

Spiele die folgenden Beispiele mit dem richtigen Sticking durch und konzentriere dich auf die Kontrolle der Lautstärke jeder einzelnen Note.

Beispiel 8e:

Beispiel 8f:

Beispiel 8g:

Beispiel 8h:

Forte bezieht sich auf das stärkere und lautere Spielen. Spiele die folgenden Beispiele laut:

Beispiel 8i:

Beispiel 8j:

Beispiel 8k:

Beispiel 8l:

Jetzt, wo du jede Dynamik einzeln angeschaut hast, ist es an der Zeit, sie zu kombinieren. Es ist möglich, farbenfrohe Grooves zu erzeugen, indem verschiedene Dynamikstufen in denselben Phrasen zusammen verwendet werden.

Achte in den folgenden Phrasen auf die Dynamik.

Beispiel 8m:

Beispiel 8n:

Die Änderung der Dynamik in einem 1/16-Wirbel ist eine ausgezeichnete Übung, die wirklich hilft, Kontrolle zu entwickeln.

Beispiel 80:

Crescendo und Decrescendo

Crescendo ist eine allmähliche Erhöhung der Lautstärke, die von einem leisen dynamischen Pegel ausgeht und zu einem lauteren übergeht. Sie wird durch das Symbol „<" in der Notation angezeigt. Das Gegenteil von Crescendo, *Decrescendo*, ist eine allmähliche Abnahme der Lautstärke von laut zu leise. Sie ist durch das Symbol „>" in der Notation gekennzeichnet.

Übe Crescendo und Decrescendo in den folgenden Beispielen.

Spiele ein zweitaktiges Crescendo von Piano zu Forte in Takt drei und vier.

Beispiel 8p:

Spiele ein zweitaktiges Decrescendo von Forte zu Piano in Takt drei und vier.

Beispiel 8q:

Spiele in Takt zwei ein halbes Crescendo von Mezzo Forte zu Forte. Spiele in Takt vier ein halbes Decrescendo von Forte zu Mezzo Forte.

Beispiel 8r:

Spiele ein eintaktiges Crescendo von Piano zu Forte in Takt eins. Spiele ein eintaktiges Decrescendo von Forte zu Piano in Takt drei.

Beispiel 8s:

Kapitel Neun

Double-Bass-Drum-Technik

Die meisten Anfänger beim Rock-Schlagzeug denken, dass es bei der Double-Bass-Drum-Technik nur um Geschwindigkeit geht, aber das stimmt nicht ganz. Schneller zu werden ist sicherlich eines der Hauptziele, aber das Zauberwort für diese Technik lautet *Kontrolle*.

In diesem Kapitel erfährst du, wie du deine Double-Bass-Pedale steuern kannst. Du wirst auch Koordination, Ausdauer und Gleichgewicht entwickeln, indem du jedes Beispiel übst. Wenn es dir lieber ist, kannst du jedes Beispiel mit dem linken Fuß beginnen, um die entgegengesetzten Kombinationen zu üben.

1/8-Double-Bass-Drum-Beats

Zuerst übst du das Spielen von 1/8-Double-Bass-Drum-Beats mit 1/4-Noten-Ride-Patterns. Wie in den folgenden Beispielen gezeigt wird, basiert die grundlegende Fußkombination von 1/8-Notenschlägen auf dem Rudiment „1/8-Einzelschlagwirbel".

Lerne die folgenden Beispiele kennen und arbeite täglich mit einem Metronom, um deine Geschwindigkeit allmählich zu erhöhen. Beginne bei etwa 60 bpm und arbeite bis zu 120 bpm und darüber hinaus. Führe ein Tagebuch über deine Fortschritte und sei in deiner Übungsstunde organisiert. Übe die Dinge, die du nicht kannst, nicht die Dinge, die du kannst.

Nimm dir am Ende jeder Trainingseinheit Zeit zum *Spielen*! Vergiss das Üben und hab Spaß. Wenn die Dinge, an denen du in der Trainingseinheit gearbeitet hast, beim Spielen herauskommen, großartig! Wenn sie es nicht tun, mach dir keine Sorgen! Sie sind nur noch nicht verinnerlicht! Es ist wie das Erlernen einer ganz neuen Sprache.

Beispiel 9a:

Beispiel 9b:

Die folgenden Beispiele zeigen einige 1/8-Variationen der Double-Bass-Drum:

Beispiel 9c:

Beispiel 9d:

Beispiel 9e:

Beispiel 9f:

Beispiel 9g:

Du kannst auch Doppelschlagwirbel und Single Paradiddles auf 1/8-Double-Bass-Drum-Patterns verwenden, um deine Technik zu verbessern.

Spiele das 1/8-Doppelschlagwirbel-Pattern auf der Double-Bass-Drum.

Beispiel 9h:

Spiele das 1/8-Single-Paradiddle-Pattern auf der Double-Bass-Drum.

Beispiel 9i:

1/8-Triolen-Double-Bass-Drum-Beats

Wir können auch 1/8-Triolen auf der Double-Bass-Drum spielen. In diesem Abschnitt werden wir sie mit einem 1/4-Noten-Ride-Pattern kombinieren. Die folgenden Triolen-Double-Bass-Drum-Beats basieren auf den zuvor verwendeten 1/8-Triolen-Einzelschlagwirbel-Rudiments.

1/8-Triolen-Einzelschlagwirbel auf der Double-Bass-Drum.

Beispiel 9j:

Spiele nun diese Variation des 1/8-Triolen-Einzelschlagwirbels.

Beispiel 9k:

Diese triolischen Variationen der Double-Bass-Drum werden eine große Herausforderung darstellen.

Beispiel 9l:

Beispiel 9m:

Probiere jetzt dieses 1/8-Double-Bass-Drum-Shuffle-Pattern.

Beispiel 9n:

1/16-Double-Bass-Drum-Beats

1/16-Double-Bass-Drum-Beats können sowohl mit 1/4- als auch mit 1/8-Noten-Ride-Patterns kombiniert werden. Sie basieren auf den 1/16-Einzelschlagwirbel-Rudiments, die du zuvor gelernt hast.

Die folgende Reihe von Beispielen bereitet dich darauf vor, komplexere Grooves mit Double-Bass-Drum-Beats zu spielen.

Arbeite wie immer mit einem Metronom, um dein Tempo nach und nach zu erhöhen, wenn du jede Übung gelernt hast.

Variation eins: 1/16-Einzelschlagwirbel auf der Double-Bass-Drum.

Beispiel 9o:

Variation zwei:

Beispiel 9p:

Übe jetzt die folgenden Ideen, um neue Möglichkeiten in deinem Spiel zu erkunden. Betrachte jede Übung als Ausgangspunkt für deine eigenen Erkundungen... werde kreativ und finde neue Wege, diese Ideen musikalisch umzusetzen.

Beispiel 9q:

Beispiel 9r:

R R RLR RLR RLR RL   R RLR RLR RLR RL   R RLR RLR RLR RL   R RLR RLR RLR RL

Hier sind einige Beispiele für 1/16-Bass-Drum-Beats mit 1/8-Noten-Ride-Patterns.

So spielst du 1/16-Einzelschlagwirbel auf der Double-Bass-Drum.

Beispiel 9s:

RLRLRLRLRLRLRLRL   RLRLRLRLRLRLRLRL   RLRLRLRLRLRLRLRL   RLRLRLRLRLRLRLRL

Beispiel 9t:

RLRLRLRLRLRLRLRL   RLRLRLRLRLRLRLRL   RLRLRLRLRLRLRLRL   RLRLRLRLRLRLRLRL

Beispiel 9u:

RLRLRLRLRLRLRLRL   RLRLRLRLRLRLRLRL   RLRLRLRLRLRLRLRL   RLRLRLRLRLRLRLRL

Die folgenden Variationen sind interessant und werden dich auf unterschiedliche Weise herausfordern.

Beispiel 9v:

RLR RLR RLR RLR RLR RLR RLR RLR RLR RLR RLR RLR RLR RLR RLR RLR

Beispiel 9w:

R RLR RLR RLR RL R RLR RLR RLR RL R RLR RLR RLR RL R RLR RLR RLR RL

Double-Bass-Drum-Beats werden häufig im Metal verwendet. Hör dir Bands wie Dream Theater, Porcupine Tree, Blind Guardian, Sepultura, Megadeath und Metallica an, und du wirst in ihren Liedern verschiedene Variationen der Double-Bass-Drum hören.

Ich empfehle dir, jetzt die grundlegenden Groove-Beispiele aus den Kapiteln eins, zwei, drei, vier und fünf zu wiederholen, während du mit deinem schwächeren Fuß die Bass Drum spielst. Wenn du diese Übungen machst, wirst du eine schnelle Entwicklung deiner Koordination und deiner technischen Fähigkeiten auf der Double-Bass-Drum feststellen.

Kapitel Zehn

2/4-, 3/4-, 5/4- und 7/4-Takte

4/4 ist die gebräuchlichste Taktart im Rockgenre, aber es gibt viele verschiedene Taktangaben, die verwendet werden können. In diesem letzten Kapitel werden wir die Grundlagen des 2/4-, 3/4-, 5/4- und 7/4-Taktes studieren.

Das Spielen in verschiedenen Taktarten wird nicht nur deine Schlagzeugkenntnisse verbessern, sondern auch deine Musikalität und dein Verständnis. Du solltest dir immer vor Augen halten, dass das *laute Zählen* der Schlüssel zum Lernen verschiedener Taktarten ist.

Die Grundlagen des 2/4-Takts

Ein 2/4-Takt klingt sehr ähnlich wie ein 4/4-Takt. Der Hauptunterschied besteht in der Art der Zählung; 2/4 wird als *1+2+* mit zwei 1/4-Schlägen gezählt. Übe die folgenden Variationen:

Spiele das 1/4-Noten-Ride-Pattern im 2/4-Takt.

Beispiel 10a:

Spiele das 1/8-Noten-Ride-Pattern im 2/4-Takt.

Beispiel 10b:

Spiele das 1/16-Noten-Ride-Pattern (abwechselnde Hände) im 2/4-Takt.

Beispiel 10c:

1/8-Triolen-Ride-Pattern in 2/4.

Beispiel 10d:

Du kannst dich auch dafür entscheiden, zwei Triolen im 2/4-Takt in einem 6/8-Takt zu schreiben. Metallicas *Nothing Else Matters* ist ein gutes Beispiel für ein Lied im 6/8-Format.

Beispiel 10e:

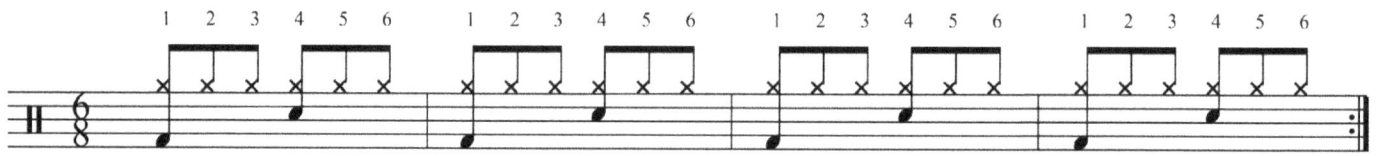

Spiele das 1/8-Shuffle-Ride-Pattern im 2/4-Takt.

Beispiel 10f:

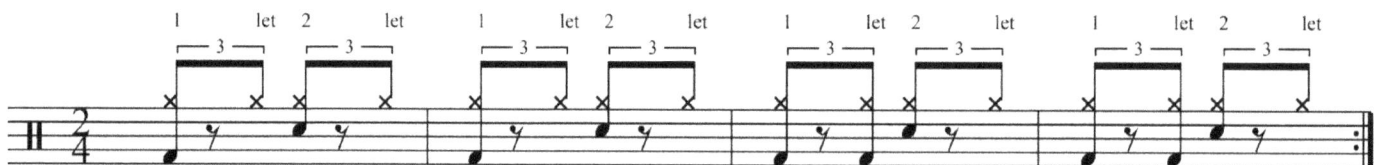

Du kannst dir The Whos *My Generation* (Punkrock) und Three Doors Downs *Kryptonite* (Alternativrock) als musikalische Beispiele für den 2/4-Takt anhören.

Die Grundlagen des 3/4-Takts

Ein 3/4-Takt wird als „ *1+2+3+* " gezählt und enthält drei 1/4-Schläge. Übe die folgenden Beispiele, um mehr über diese Taktangabe zu lernen.

Spiele das 1/4-Noten-Ride-Pattern im 3/4-Takt.

Beispiel 10g:

Spiele das 1/8-Noten-Ride-Pattern im 3/4-Takt.

Beispiel 10h:

Spiele das 1/16-Noten-Ride-Pattern (abwechselnde Hände) im 3/4-Takt.

Beispiel 10i:

Spiele das 1/8-Triolen-Ride-Pattern in 3/4.

Beispiel 10j:

Spiele das 1/8-Shuffle-Ride-Pattern im 3/4-Takt.

Beispiel 10k:

Neil Youngs *Only Love Can Break Your Heart* ist ein gutes Beispiel für ein Lied im 3/4-Takt.

Einführung in „ungerade" Taktarten; Grundlagen des 5/4- und 7/4-Takts

Ungerade Taktarten sind Taktarten, die eine ungerade Anzahl von Schlägen (5, 7, 9, 11, 13 usw.) in jedem Takt enthalten.

Die meiste Musik, die du im Radio hörst, ist im 4/4-Takt, und die meisten Menschen in der westlichen Gesellschaft sind es nicht gewohnt, Musik mit 5, 7 oder 9 Schlägen in einem Takt zu hören. Es gibt einige wenige Ausnahmen, wie Pink Floyds *Money* (7/4) und *Seven Days* von Sting (5/4), aber im Allgemeinen ist die meiste Popmusik im Westen in 4/4, 3/4, 6/8 oder 12/8 geschrieben.

Da die meisten Menschen nicht daran gewöhnt sind, sie zu hören, kann es anfangs schwierig sein, ungerade Taktarten zu zählen, und es ist leicht, sich in der Musik zu verlieren. Aus diesem Grund kombinieren die Musiker oft kleinere *Unterteilungen*, um ungerade Taktangaben leichter zu zählen und zu verstehen.

Während der 4/4-Takt normalerweise in zwei akzentuierte Schläge (die „2"- und „4"-Snare-Schläge in einem Backbeat) unterteilt wird, können ungerade Taktarten in verschiedene Gruppierungen unterteilt werden. Zum Beispiel könnte 7/4 gezählt werden als

1 2 3 **1** 2 **1** 2

oder

1 2 **1** 2 **1** 2 3

oder

1 2 **1** 2 3 **1** 2.

Auf jeder „1" in den oben genannten Gruppierungen wird ein natürlicher Akzent gebildet, was einen erheblichen Einfluss auf die Musik hat.

Zähle laut und kopiere die Akzente der folgenden 7/4-Gruppierungen.

Wiederhole zunächst die Phrase "EINS zwei drei EINS zwei EINS zwei".

Wiederhole nun die Phrase "EINS zwei EINS zwei EINS zwei drei".

Sie klingen und fühlen sich sehr unterschiedlich an, obwohl beide sieben Schläge enthalten.

Die Zählung ungerader Taktarten mit kleineren Gruppen von 2 und 3 Schlägen wird als *Unterteilung* bezeichnet, und die Art und Weise, wie die Unterteilungen organisiert sind, verändert das Feel der Musik.

Die Grundlagen des 5/4-Taks

5/4-Taktarten können einfach als „*1+2+3+4+5+*" gezählt werden, aber die folgenden Unterteilungen des Taktes sind ebenfalls üblich.

2+3: (1+2+1+2+3+).

3+2 (1+2+3+1+2+).

Die untenstehende Beispielreihe zeigt verschiedene Varianten und Unterteilungen im 5/4-Takt.

5/4 mit 2+3 Unterteilungen. Zähle und spiele das 1/4-Noten-Ride-Pattern.

Beispiel 10l:

5/4 mit 2+3 Unterteilungen. Zähle und spiele das 1/4-Noten-Ride-Pattern.

Beispiel 10m:

5/4 mit 2+3 Unterteilungen. Zähle und spiele das 1/8-Noten-Ride-Pattern.

Beispiel 10n:

5/4 mit 3+2 Unterteilungen. Zähle und spiele das 1/4-Noten-Ride-Pattern.

Beispiel 10o:

5/4 mit 3+2 Unterteilungen. Zähle und spiele das 1/4-Noten-Ride-Pattern.

Beispiel 10p:

5/4 mit 3+2 Unterteilungen. Zähle und spiele das 1/8-Noten-Ride-Pattern.

Beispiel 10q:

Hör dir Joe Satrianis *Unstoppable Momentum* an, um einen coolen Drum-Groove im 5/4-Takt zu hören.

Die Grundlagen des 7/4-Takts

Die *ungerade Taktart* 7/4 wird wie folgt gezählt: „*1+2+3+4+5+6+7+*".

Dies sind die häufigsten Unterteilungsoptionen in 7/4:

2+2+3: „*1+2+1+2+1+2+3+*"

3+2+2: „*1+2+3+1+2+1+2+*"

2+3+2: „*1+2+1+2+3+1+2+*"

Die folgenden Beispiele zeigen Groove-Variationen und Unterteilungen in 7/4.

7/4 mit 2+2+3 Unterteilungen. Zähle und spiele das 1/4-Noten-Ride-Pattern.

Beispiel 10r:

7/4 mit 2+2+3 Unterteilungen. Zähle und spiele das 1/4-Noten-Ride-Pattern.

Beispiel 10s:

7/4 mit 2+2+3 Unterteilungen. Zähle und spiele das 1/8-Noten-Ride-Pattern.

Beispiel 10t:

7/4 mit 3+2+2 Unterteilungen. Zähle und spiele das 1/4-Noten-Ride-Pattern.

Beispiel 10u:

7/4 mit 3+2+2 Unterteilungen. Zähle und spiele das 1/4-Noten-Ride-Pattern.

Beispiel 10v:

7/4 mit 3+2+2 Unterteilungen. Zähle und spiele das 1/8-Noten-Ride-Pattern.

Beispiel 10w:

7/4 mit 2+3+2 Unterteilungen. Zähle und spiele das 1/4-Noten-Ride-Pattern.

Beispiel 10x:

7/4 mit 2+3+2 Unterteilungen. Zähle und spiele das 1/4-Noten-Ride-Pattern.

Beispiel 10y:

7/4 mit 2+3+2 Unterteilungen. Zähle und spiele das 1/8-Noten-Ride-Pattern.

Beispiel 10z:

Pink Floyds *Money* hat eine 7/4- und 4/4-Struktur. Das Hauptriff des Liedes wird im 7/4-Takt gespielt. In der progressiven Rockmusik ist es üblich, dass die Taktangaben während desselben Liedes geändert werden.

Fazit

Herzlichen Glückwunsch zum Durcharbeiten dieses Buches! Nun, da du die theoretischen Kenntnisse, Fähigkeiten und Techniken des grundlegenden Rock-Schlagzeugspiels draufhast, bist du bereit, auf ein höheres Niveau zu gelangen, aber es ist wichtig, deine Fähigkeiten und Technik durch regelmäßiges Üben der Grundlagen zu erhalten.

Der nächste Schritt besteht darin, die Musik, die du spielen möchtest, anzuhören und zu transkribieren (aufzuschreiben). Dies ist zunächst schwierig, aber eine der nützlichsten Fähigkeiten, die man lernen kann. Baue auf den in diesem Buch erlernten Grundfähigkeiten auf und beginne, verschiedene Genres wie Jazz, Latin und Funk usw. zu studieren. Auch wenn dies im Moment nicht dein Hauptinteresse sein mag, werden diese Genres deine Schlagzeugkenntnisse und -fertigkeiten beeinflussen und verbessern.

Tritt einer Band bei oder gründe eine, um Erfahrung und Vertrauen in die Aufführung von Live-Musik zu gewinnen. Außerdem hast du als Mitglied einer Band die Möglichkeit, mit anderen Musikern zusammenzukommen, Songs zu spielen, die du magst, und, was am wichtigsten ist, deine Zeit beim Schlagzeugspielen zu genießen.

Nochmals vielen Dank, dass du dieses Buch gelesen und durchgearbeitet hast. Ich wünsche dir alles Gute für deine musikalische Reise!

„Schlagzeugspielen bedeutet nicht, sich um das Sorgen zu machen, was man nicht kann, sondern es geht um den Spaß an dem, was man kann." - Chris Adler.

Rock on...

Serkan Süer

Über den Autor

Serkan Süer wurde 1979 in der Türkei geboren und lebt derzeit in Halifax, Kanada. Er spielt seit 23 Jahren Schlagzeug. Er ist als Session-Musiker für verschiedene Projekte in verschiedenen Musikstilen aufgetreten und hat als Bühnenmusiker für diese Projekte gespielt. Seine Band Soul Project veröffentlichte 2010 ihr Album *Out of The Circle*. Seine Band Tayfa veröffentlichte 2015 ihr Album *Rahat*.

Serkan unterrichtet seit 15 Jahren professionell Schlagzeug und schloss 2014 das Berklee College of Music „Specialist Drummer Certificate" ab, nachdem er von Rod Morgenstein, Jim Payne und Yoron Israel unterrichtet wurde. Er schloss 2011 einen Master-Abschluss in Erwachsenenbildung an der Universität Ankara ab.

Danksagungen:

Dieses Buch ist meinen wunderbaren Eltern, meiner Frau und meiner Tochter gewidmet. Ich danke ihnen für ihre vorbehaltlose Unterstützung. Ich möchte auch Fundamental Changes, meinen Dozenten Rod Morgenstein, Jim Payne und Yoron Israel aus Berklee, den talentierten Musikern und Produzenten, mit denen ich gearbeitet habe, allen meinen Schülerinnen und Schülern und meinen wertvollen Freunden danken.